Comunicación

Comunicación asertiva sin violencia el arte de la comunicación es aprender a decir no

(El manual complete para la conversación profesional con cualquier persona)

Demetrio Caceres

TABLA DE CONTENIDOS

Introducción 1
¿Alimentos Para Mascotas O Para Los Dueños De Mascotas? 5
Proveer E Compartir Valor 12
La Imagen Y La Reputación De La Empresa 23
Parte Uno: Comunicación Eficaz 48
Modelos De Interacción 69
La Radio En Bolivia Es Uno De Los Paisajes Sonoros De Las Luchas 80
Introducción A La Comunicación Corporativa 106
Estrategia 125

Introducción

El cambio está presente en todas partes. Vivimos en una transformación constante, aunque no nos demos cuenta o no queramos darnos cuenta, y siempre buscamos la estabilidad. En cierta forma, este libro trata sobre el cambio. En otras palabras, cómo abordar el cambio deseado en un equipo involucrándolos desde el principio. Durante los últimos años, nos hemos visto obligados an adaptarnos a nuevas circunstancias que no habíamos previsto. Nuestras formas de vender, comprar, negociar, presentar un proyecto, relacionarnos con nuestros clientes y proveedores, nuestra capacidad económica y nuestra capacidad para resolver problemas han cambiado y ya no son las mismas. Además, el tiempo no nos ayuda. Cuando buscamos "la solución" an un problema, ya no nos vale. Es como un virus que está mutando constantemente sin dar tiempo an encontrar la vacuna adecuada.

El tema de este libro es cómo abordar el cambio a través de la transformación, o, dicho de otra forma, cómo podemos llevar a cabo esa transformación de manera efectiva involucrando a todo el equipo. un modelo que nos sirve como referencia para que siempre que necesitemos cambiar una situación específica, tengamos una dirección a la que seguir.

Además, discutiremos la comunicación. Además, dos terceras partes de este libro se enfocan exclusivamente en la comunicación interpersonal. La comunicación es muy importante. Si queremos lograr un cambio efectivo dentro de una empresa, lo primero que tenemos que aprender es cómo comunicarnos con nuestra gente, entenderlos, reducir los malentendidos y distorsiones, asegurarnos de que lo que escuchen sea lo que nosotros queremos que escuchen, asegurarnos de que se sientan escuchados e involucrados en el proyecto. En última instancia, comunicarnos como un equipo.

Veremos cómo es importante elegir las palabras y el momento correctos para transmitir un mensaje. Nos introduciremos en un mundo tan individualizado como el de la percepción. Aprendemos an escuchar mejor. Todo esto para mejorar la comunicación con nuestro equipo y aprender a tomar decisiones más objetivas y justas.

En la segunda sección, exploraremos el modelo TEAM para la transformación de equipos. El modelo TEAM, que se basa en el modelo de coaching GROW, nos enseña cómo analizar la situación en la que nos encontramos, hacer un diagnóstico adecuado, encontrar la solución o soluciones más adecuadas a nuestro problema y llevar esa solución a la práctica.

Un modelo que nos ayude an afrontar un cambio, junto con la mejora de nuestras habilidades de comunicación, nos permitirá obtener resultados más efectivos y satisfactorios. Espero que este libro te ayude y lo disfrutes tanto como yo lo he hecho.

¿Alimentos Para Mascotas O Para Los Dueños De Mascotas?

En los últimos tiempos, la categoría de alimentos para mascotas ha cambiado significativamente. Aunque no lo sepan, las mascotas son grandes motivadores de compra.

La oferta es tan diversa que tomar una decisión de compra es tan complicada como comprar cualquier alimento para "humanos".

Años atrás, las mascotas, especialmente perros y gatos, solían ser alimentadas con los restos de las comidas que las personas mismos comían.

Algunos alimentos balanceados resolvieron el problema de "¿qué le doy a mi mascota?" El propósito de estos productos era simplemente funcional, satisfaciendo una necesidad específica.

Se trataba generalmente de paquetes grandes sin mucho encanto; además, el gran tamaño de las bolsas dificultaba su imagen sofisticada y dificultaba su exhibición porque ningún otro producto tenía ese tamaño en el supermercado.

El lugar destinado an estas bolsas era muy pequeño y no era precisamente el más atractivo del lugar.

A medida que cambiaban las necesidades, el diseño gráfico de envases de esta categoría se volvió más complicado. Se desarrollaron varios enfoques de diseño para atraer a diferentes tipos de dueños.

Para llegar a sus verdaderos clientes, se debe enfocarse en el corazón de los compradores porque esta categoría prioriza la emoción.

Para aquellos que buscan calidad nutricional, los productos con componentes complementarios, como vitaminas y minerales, utilizan la estrategia de la comunicación científica.

Los beneficios se describen y resaltan con gráficos y descripciones casi científicas. Los fondos más oscuros son grises o negros.

Estos recursos se utilizan en algunos productos premium porque están dirigidos a personas con conocimientos técnicos o especial interés en el cuidado de la salud de sus mascotas. Es una decisión racional de compra que requiere cierta atención del comprador.

Algunas marcas incluyen imágenes de mascotas en escenas donde se ven adorablemente tiernas, además de contar con respaldo científico.

Para establecer un orden visual, se elige un área racional para la descripción del producto y sus principales características, y una área emocional para la fotografía.

Los colores vibrantes y saturados se hacen presentes, lo que indica vitalidad y energía. A diferencia de las marcas con imagen medicinal, estos combinan sus credenciales de calidad y el dinamismo de la escena fotográfica para equilibrar lo emocional.

Aunque hay diferentes enfoques, hay cierta información que se trata de manera similar en todos los casos.

Es común que los alimentos para perros se diferencien por color según el tamaño o la edad del perro dentro de una misma línea de productos. Esto facilita la identificación.

Las marcas propias, también conocidas como marcas blancas, generalmente utilizan sistemas gráficos básicos para todo tipo de productos, no solo para mascotas.

Algo que las primeras marcas evitan hacer, para crear un concepto de marca diferente para cada especialidad.

Normalmente no se sustentan en una afirmación que enfatiza su conocimiento y excelencia en el tema, y esto es precisamente lo que brinda una gran oportunidad para sugerir diseños innovadores que rompan los estereotipos.

La misma marca, junto con sus acciones de comunicación y toda su gama de productos, ha construido la confianza de los "compradores" y la garantía de calidad.

Además, muchos emplean estrategias basadas en otros tipos de productos. Hace que los alimentos parezcan apetitosos y tentadores, como lo hacen los alimentos para "humanos", lo cual es curioso teniendo en cuenta que el comprador no es quien finalmente los consume.

Sin embargo, es evidente que los dueños hacen la elección de compra pensando en que le están dando a sus mascotas lo que creen que más les gustaría. En este caso, el diseño de empaque utiliza fotografías de alimentos cuidadas para destacar la calidad y frescura de los ingredientes.

Contar con una buena calidad de impresión y un material de buen aspecto son esenciales para este tipo de envases. Eso mejora la calidad percibida del producto y las expectativas.

Existen situaciones en las que la mascota principal del empaque se convierte en un símbolo o icono de la marca.

Las sensaciones, características y comportamiento de los animales están relacionados con el patrimonio de la marca.

Como característica distintiva de cada marca, también se utilizan descripciones atractivas y tentadoras de las variedades y sabores. Esto puede incluir recetas caseras, ingredientes únicos o incluso las creaciones culinarias de un chef.

Proveer E Compartir Valor

Si tiene valor, debería compartirlo con los demás. Aquí, déjame ser claro. No estás haciendo esto para controlar a los demás.

No debes comportarte de manera "quid pro quo" (algo a cambio de algo). Siempre debes agregar valor. Si las personas en tu entorno son personas con las que realmente quieres interactuar, aceptarían. Si no, en primer lugar, no son las personas con las que deseas interactuar.

Las personas de alto valor comparten y dan valor a los demás. Tener y acumular valor no es suficiente. Cuando uno cree que el logro de sus objetivos impide que otros logren los suyos, es una señal clara de la realidad de la escasez. Las personas exitosas saben que todo (dinero, éxito, amigos, socios o cualquier otra cosa) hay un suficiente para repartir, y las personas exitosas a menudo crecen juntas.

Imagina que Warren Buffet y Bill Gates se pusieran celosos el uno del otro; eso sería completamente absurdo. Por lo tanto, siempre debe identificar lo que la otra persona está pasando en su vida, lo que está tratando de lograr y hacia dónde está tratando de ir, y luego ayúdalo a hacer realidad esos objetivos lo antes posible.

La siguiente pregunta que surge constantemente es: "¿Qué sucede si no tienes la capacidad de ayudarlos a lograr sus objetivos?" "¿Te sometes?" Sí, pero solo si desea ser un perdedor. Recuerda: Muy valioso. Las personas que tienen éxito son ingeniosas. Esto no significa que debas perder el tiempo tratando de aprender una nueva habilidad que no te ayude a lograr objetivos específicos. Simplemente, por ejemplo, puedes encontrar a alguien que tenga las habilidades o la capacidad de ayudar a la persona que deseas ayudar y presentárselo.

No te pongas celoso(a) otra vez o piense que al ayudar an otros no obtienes lo que quieres. Ten en cuenta que solo serás correspondido si la otra persona es alguien con quien vale la pena relacionarse. Si no, entonces no has ahorrado mucho tiempo. Ganar/ganar. No te rindas, siempre encontrarás una solución. Las soluciones siempre son más sencillas de lo que crees.

Las habilidades fundamentales para la gestión del conocimiento

Introducción

Este capítulo explica cómo la gestión del conocimiento puede impulsar el cambio en todas las empresas, destacando la importancia de las competencias esenciales en una organización. Vamos a hablar sobre cómo crear un ambiente de comunicación completo donde la información y el conocimiento fluyan con transparencia y rapidez.

Abordamos las ventajas que implica y ofrece la gestión del conocimiento y nos detenemos en la influencia de los conocimientos esenciales del personal para que se conviertan en los pilares del proceso de cambio y del proceso estratégico que desarrollamos junto con las estrategias básicas establecidas por la empresa.

Para terminar, describimos el proceso de implementación de la gestión del conocimiento en una organización empresarial y presentamos una matriz que relaciona las competencias esenciales existentes o incorporadas con el mercado actual o futuro. Por lo tanto, presentamos un método para combinar las competencias fundamentales con una estrategia que resulte en una empresa competitiva de liderazgo en los mercados y una imagen destacada de la empresa.

Las ventajas de las pequeñas y medianas empresas (PYMES) en la gestión del conocimiento

Debido al mercado cada vez más competitivo, que demanda una mayor innovación en productos y obliga a desarrollar y asimilar el conocimiento con mayor rapidez, implementar la gestión del conocimiento en las pequeñas y medianas empresas (PYMES) permitirá crear ventajas competitivas.

Existe la necesidad de reemplazar la forma informal en que se gestiona el conocimiento en las funciones administrativas por métodos formales dentro de los procesos comerciales orientados al cliente. Las empresas se esfuerzan por crear más valor añadido para sus clientes, lo que requiere la capacidad de captar, comprender y difundir las necesidades y deseos de los clientes en la organización más allá de la forma tradicional. • Se requiere tiempo para adquirir conocimiento y experiencia. Los empleados tienen cada vez menos tiempo para esto.

• La presión competitiva está reduciendo la cantidad de empleados con conocimiento de la empresa.

• La tendencia de los empleados a retirarse cada vez más temprano de su vida laboral o aumentar su movilidad entre empresas está aumentando, lo que hace que el conocimiento se pierda.

• El manejo de la complejidad aumenta en las empresas pequeñas y con operaciones transnacionales.

• La pérdida de conocimiento en un área específica puede ocurrir como resultado de cambios en la dirección estratégica de una empresa. Ese conocimiento puede ser necesario para una decisión posterior que retome la orientación anterior, pero el empleado que lo posee puede ya no estar en la empresa.

Por lo tanto, la gestión del conocimiento es el proceso que sustenta todos los procesos de una organización y los resultados que se obtienen generan resultados en cadena en los procesos restantes.

gestionar los conocimientos o competencias fundamentales

Es esencial tener muy presentes las necesidades de conocimiento que permitan a la organización cumplir con sus objetivos, visión y valores. De esta manera, estos conocimientos serán prioritarios para inculcarlos al personal dentro del plan de capacitación continua que se establezca y desarrolle. Se considerarán habilidades muy apreciadas al evaluar su desempeño.

Por lo tanto, se determinarán los conocimientos, habilidades y capacidades personales, organizacionales y tecnológicas necesarios para implementar correctamente las estrategias.

Los conocimientos que permiten acceder a las oportunidades de futuro desarrollando mercados con productos que tengan valor para los clientes se conocen como competencias esenciales.

Es importante considerar que:

- Las competencias esenciales contribuyen a la competitividad de una variedad de productos o servicios, no solo de un producto en particular.

La victoria o derrota del liderazgo tiene un impacto mucho más significativo en las oportunidades de crecimiento y diferenciación competitiva de una empresa que en el éxito o fracaso de un producto.

Las competencias esenciales serán la base de la competitividad, mientras que los productos y servicios serán el resultado.

- Los altos directivos solo pueden garantizar la continuidad de la empresa adquiriendo competencias esenciales, alimentándolas, manteniéndolas vigentes y mejorándolas de acuerdo con las necesidades de los clientes.

Es obvio que la organización empresarial necesita un cambio cultural y estratégico para superar los cambios turbulentos de la era actual de la comunicación y el conocimiento. Estos cambios se basarán en una puesta al día de competencias esenciales basadas en los conocimientos del personal o las competencias personales, las competencias tecnológicas y organizativas que proporcionarán ventajas competitivas dentro de la estrategia empresarial y su implementación y seguimiento.

El gráfico 7 muestra cómo las competencias esenciales afectan a la empresa.

Grafico 7. Efecto de las competencias críticas en la empresa

El eslogan "comunicación + conocimiento = competitividad" invita a considerar la necesidad de una adaptación constante tanto cultural como estratégica y estructural, ya que esto aumentará la capacidad competitiva de la empresa en el futuro.

El gráfico 8 muestra el impacto que tiene implementar este lema en una empresa.

El gráfico 9 muestra una matriz de competencias esenciales que muestra sus relaciones con los mercados actuales y futuros, así como con las competencias esenciales o de adquisición reciente.

La Imagen Y La Reputación De La Empresa

Primero, ¿eres un líder o jefe?

Es evidente que eres la persona que ha hecho posible la realidad empresarial que diriges en este momento. Sí, junto con la contribución de otras personas, pero en la mayoría de los casos, tú fuiste el impulsor y la cabeza pensante. Es por eso que eres el líder y el referente de muchos otros. El problema radica en cómo te proyectas hacia los demás.

Cuando hablamos del gerente o propietario de una empresa, normalmente nos referimos al "jefe". Se trata sin duda de la persona en la cúspide de la pirámide jerárquica, pero no es lo mismo ser considerado un jefe que un líder, y en ocasiones esta concepción no es tan clara como parece.

¿En qué se diferencia?

En realidad, existen numerosas. Algunas son más significativas que otras. La combinación de estos factores produce un entorno laboral y un tipo de relaciones laborales completamente diferentes.

El líder

Quizás sea un término más apropiado para lo que llamamos "la escuela vieja". Se trata de alguien que tiene autoridad impuesta y la utiliza para gobernar. Esta figura autoritaria toma decisiones por tu propio sentido común y sin consultar con nadie más. Por lo tanto, la comunicación en este caso es unidireccional, descendiente y unilateral.

El liderazgo

Se trata de un referente que no está impuesto, sino que se gana el título porque genera una energía que motiva a las personas y el trabajo en equipo. No impone sus propias ideas y siempre espera propuestas. La comunicación en este caso se llevará a cabo de manera bidireccional y entre múltiples partes.

pequeños detalles, diferencias significativas

Percepción del poder

La percepción de la autoridad de un líder es básicamente autoritaria: "Yo soy el único que puede mandar". No obstante, el líder no percibe la autoridad de la misma manera, sino que busca ofrecer su mejor esfuerzo: "¿cómo puedo contribuir?". En otras palabras, el líder da instrucciones e impone su autoridad, dejando en claro quién maneja la batuta. El líder gana respeto como tal al dar ejemplo y justificar por qué se hacen las cosas de una manera u otra.

confianza o reconocimiento

Un jefe puede usar su posición jerárquica para amenazar y imponer el miedo para hacer valer su posición y ganarse cierto "respeto", que en realidad es solo miedo disfrazado. No importa cuáles sean las consecuencias de sus acciones porque solo busca la obediencia ciega. Por esta razón, los empleados a menudo critican a los jefes en lugar de respetarlos. Por el contrario, el líder se muestra mucho más cercano, es parte del equipo, escucha a los empleados y les ayuda a lograr los objetivos comunes, ganando su confianza. El líder es valorado por sus seguidores, quienes también lo estiman.

Reacción al problema

El problema es el foco del jefe. Después, busca a la persona o personas responsables, las culpa y las castiga para castigarlas. Todo esto se hace para evitar que se cometa el mismo error. La preocupación del líder es encontrar una solución. Comprende que no se trata de buscar a los responsables, sino de resolver el problema lo antes posible. Después de superarlo, descubre cuál fue la causa y cómo evitar que se repita el error, sin señalar a nadie en particular. Si se revela un dato, incluso ayuda a que la persona detonante levante la cabeza.

Grado de proximidad

El líder se limita a dar instrucciones y supervisar su cumplimiento. El líder, por otro lado, es el primero en ponerse manos a la obra, dando ejemplo y motivando a los de su alrededor a trabajar juntos.

El jefe es distante y establece límites para que nadie olvide su posición. No se preocupa por sus empleados ni por sus circunstancias personales; los trata como números. El líder tiene una relación mucho más cercana con todos los miembros de su equipo porque está en contacto con ellos constantemente.

mentalidad cerrada o abierta

El jefe es receloso de que otros miembros de la empresa se le acerquen porque debe establecer límites. No hay discusión cuando él da las órdenes. Todas las acciones o proyectos que lidera incluyen un líder. Además, al conocer a los micmbros del grupo, estimula y fomenta las habilidades latentes de todos. Es capaz de generar compromiso sin necesidad de que lo soliciten.

liderazgo o mando

El líder llega puntual. El líder lidera y llega primero. Se espera que el líder esté sentado en su trono de hierro propio. A medida que todos llegan, el líder les da la bienvenida. El jefe da órdenes y hace cumplir las órdenes. El líder motiva, inspira y es un referente para el equipo que lidera. Para mantener su posición, el jefe pasará por encima de quién haga falta. El líder hará que las personas normales se sientan extraordinarias, especiales y únicas.

¿Y qué deseas ser?

Después de leer esto, es probable que desees liberarte de tu título de "jefe", ¿no es así? No prometo que las cosas cambien mañana, pero sí te daré las herramientas para que gradualmente te conviertas en el líder que deseas ser.

¿Qué cualidades debe tener un buen líder?

Las habilidades de liderazgo son habilidades inherentes que muchas personas tienen. Si no cuentas con ellas, todavía tienes la oportunidad de aprenderlas. Dicho esto, podríamos decir que si no eres un buen líder es porque no quieres. Por lo tanto, porque estoy seguro de que estás en el camino correcto, vamos a ver las cinco características principales que deberías desarrollar a continuación.

1. ¿Cuál es tu coeficiente?

Es esencial que continúe mejorando su inteligencia y habilidades personales. Me refiero a tus habilidades intelectuales y emocionales. Nunca dejes de aprender, mantener una mente abierta y aceptar que no sabes todo. Al mismo tiempo, debes poder desarrollar tu inteligencia emocional y fortalecer los lazos que te unen a las personas de tu entorno. Ya sea en el trabajo o en el tiempo libre.

2. Comunicación

Recuerda que la comunicación debe ser bidireccional para que tenga éxito. ¿Qué significa eso? Por lo tanto, cuando seas tú quien comunique, deberás utilizar la asertividad y actuar activamente cuando se te escuche. De esta manera, fomentarás el respeto como fundamento de las conversaciones y, al mismo tiempo, obtendrás toda la información que necesitas para evaluar la situación sin prejuicios ni preconcebidas. Por ejemplo, serás más objetivo y podrás tomar decisiones con menos influencia de un calentón.

3. Estrategia

Es importante recordar que estamos hablando de liderazgo corporativo, por lo que tomar medidas no debe ser al uso, sino que debe seguir una estrategia específica. Todo esto se hace para lograr un objetivo específico. Puede ser cualquier cosa, como mejorar el entorno de trabajo, aumentar la motivación, eliminar malos hábitos, administrar cambios o simplemente aumentar la facturación mensual. El objetivo es indiferente porque lo realmente importante es que, como líder, no olvides que debes seguir una estrategia para alcanzarlo y, manteniéndola en mente, actuar en consecuencia.

4. Confianza

Lo mejor es que seas el ejemplo a seguir por los demás. Si eres el que siempre toma la iniciativa y no te da miedo mancharte las manos y meterlas en harina, los demás también lo harán. Por lo tanto, ganarás su confianza y, lo que es más importante, su respeto.

Por supuesto, debes mantener la coherencia entre lo que dices y lo que haces porque de lo contrario generarás desconfianza, lo que dará como resultado el efecto contrario. Si realmente crees en lo que haces, no tendrás que pensar mucho en ello porque te saldrá solo. El problema surgirá cuando realmente hagas tareas en las que no crees porque, tarde o temprano, enviarás mensajes inconscientes que confundirán a las personas que te consideran un referente.

5. Compromiso

Debes ser el primero en mostrar tu compromiso si quieres a alguien comprometido a tu alrededor. Pensa que esta pasión te inspirará y motivará a tus seguidores; no puedes obligarlos a hacerlo. Si no, estaríamos hablando de un jefe en lugar de un buen líder. Serás capaz de motivar a los demás a dar lo mejor de sí mismos al proyecto empresarial a través de tu propio compromiso.

¿El líder surge o se forma?

Es evidente que algunas personas tienen alguna o todas estas características desde el nacimiento y simplemente las usan sin darse cuenta del poder que pueden ejercer sobre los demás. Hay personas que las tienen y las usan. Y, por último, aquellos que no tienen Sin embargo, eso no significa que no puedan aprenderlas. Si perteneces an esta última categoría, te garantizo que podrás adquirir conocimientos sobre ellas siempre que este sea tu objetivo, claro.

ganar el papel de líder

No hay nadie que nos indique con anticipación cómo proceder para ser un buen empresario. Personalmente, creo que nuestro sistema educativo no incluyó contenido de este estilo, lo que nos obliga a buscar castañas cuando somos adultos. Lamentablemente, no todos son capaces de hacerlo. Algunos lo hacen por pereza, otros porque no saben dónde buscar y otros simplemente creen que saben todo. Afortunadamente, no eres uno de ellos, y la prueba es que estás aquí conmigo.

Aunque ya hemos visto las cualidades que debe tener un buen líder, necesitamos ir un poco más allá. De vez en cuando, nos parece que seguimos las pautas y hacemos lo que tenemos que hacer, pero aún así nos equivocamos. Por ejemplo, es posible que te sientas incomprendido y que las personas que deberían seguirte hagan lo que les parece, incluso ignorando las indicaciones que les hayas dado. ¡Qué desafortunado! Si es tu caso, me temo que no eres un buen líder para ellos.

Cada persona se establece en un rol en todos los grupos sociales, ya sean dirigidos o no, y a partir de ese rol, desarrolla su actividad y su aportación al grupo. Si sucede todo lo que mencioné anteriormente en tu empresa, es evidente que actualmente no estás desempeñando el papel de líder. En este momento, eres el líder de impuestos, lo que te convierte en el líder absoluto. Sí, tienes mucho poder. Incluso si puedes determinar quién sigue trabajando en la empresa, la gente que trabaja contigo no te sigue. En cualquier caso, sigue tus órdenes. Sin embargo, el liderazgo no debe imponerse. No cometas ese error. No permitas que tu orgullo te haga sentir como un jefe, ya que esta figura se está volviendo cada vez menos popular en el mundo laboral, y lo único que conseguirás será rodearte de personas que solo buscan dinero a tu lado. Y supongo que eso no es lo que te importa, ¿no es así?

Puede que no te haya pasado por la cabeza, pero en el mundo corporativo, sobre todo si piensas en grande, no te puedes permitir el lujo de andar solo. Por lo tanto, será necesario volver a los orígenes, revisar de nuevo cuál es el propósito de tu empresa, cuáles son sus valores y hasta dónde quieres llegar con ella para rodearte de personas que entiendan todo este viaje y estén dispuestas an acompañarte.

Debe hablar directamente con la persona que ha asumido el papel de líder. No se trata de atacar y derribarse como si fuera una pelea de gallos. Solo para comprender su comportamiento y estar a tu altura. Quizás solo sea una cuestión de cerrar un espacio. Si hasta ahora no has asumido ese papel, alguien debería hacerlo. Podría ser que esta persona piense que está contribuyendo al bienestar general desde esa posición. Puede que simplemente piense que se desempeña mejor que tú. Debes descubrirlo porque no lo sabes. No prejuzgues y presta mucha atención a lo que te diga. Ten en cuenta que, si lo manejas bien, puede convertirse en un aliado valioso. Hasta el momento, esta persona ha sido la líder del grupo. Será por algo, ¿verdad?

Si piensas que esto que te digo significa "si no puedes con tu enemigo, únete an él", estás equivocado. No hay nada en contra de las personas que trabajan contigo. Esa es una historia que has creado en tu mente. Y en el caso de que realmente lo creas, el hecho de que estén ahí contigo es completamente responsabilidad tuya. No prolonges la agonía y despídelos. ¿No crees que no tiene mucho sentido pagar la nómina de alguien que solo quiere molestarte cada mes?

Las personas que componen tu negocio deben ser tus aliados en lugar de enemigos. Las consideras esenciales para que todo funcione. Y, como son esenciales, cuidarlas y prestar atención para que todo funcione correctamente y el engranaje funcione correctamente.

Aunque ser líder es muy satisfactorio, también requiere tomar decisiones importantes. En ocasiones, es necesario tomar medidas drásticas para lograr cambios radicales. Es su responsabilidad como líder corporativo tomar las decisiones necesarias para cambiar el contexto en el que se encuentra.

Estoy convencido de que será cuestión de tiempo que veas resultados que realmente te satisfagan si trabajas los aspectos básicos del liderazgo actual y cuentas con un equipo que entiende todo por lo que luchas a diario. Analiza qué está fallando: si eres tú o si las personas que te acompañan no son adecuadas y haz los movimientos necesarios para crear el ambiente adecuado.

Sí, eres el líder impuesto, pero puedes ser el líder natural del grupo también. La persona que los demás quieren seguir porque les inspiras confianza, respeto y valores similares a los tuyos.

El factor humano se distingue del capital humano.

Recursos humanos, capital humano, potencial humano, etc. son algunas de las muchas nomenclaturas corporativas que se utilizan para describir a las personas. Es evidente que las empresas deben tener una parte humana, pero ¿realmente consideramos el factor humano cuando hablamos de nuestros empleados o lo automatizamos tanto que lo reducimos an una mera palabra de cortesía, an un eufemismo para no tratar a las personas como si fueran números?

Recursos Personales

Cuando hablamos de recursos, nos referimos an algo que utilizamos y que intentamos maximizar su uso. El objetivo es maximizar los beneficios utilizando la misma cantidad de recursos.

Hasta ahora, todo está en orden.

Si trabajas con materiales, son tus recursos y buscas la manera más efectiva de usarlos para que te beneficien. ¿Siempre protegido por los valores de tu empresa? Desde este punto de vista, crees que el Departamento de Recursos Humanos es una palabra bien utilizada en tu empresa?

Si tratas a los que trabajan contigo como si fueran un recurso adicional para ti, Si no considera sus necesidades personales, puede enfrentar problemas tanto a nivel profesional como personal, y pueden afectar su desempeño diario. Si prescindes de su bienestar y seguridad y solo los manipulas para obtener el mayor beneficio posible.

...

¡Enhorabuena! Tengo dos noticias que te debo. La primera es que eres un líder que vive en un paradigma obsoleto, y si no cambias, lo creas o no, te quedarás atrás. La segunda es que, en realidad, no conoces el concepto de recursos humanos.

recursos humanos

Según fuentes oficiales, el capital humano se describe como la parte más importante de cualquier organización. Se refiere a la productividad de los trabajadores dependiendo de su experiencia laboral y formación. Como resultado, se valora an una persona como capital humano y se intenta aumentar su valor a través de acciones que la preparen mejor, la conforten y la mantengan dentro de la empresa. Se trata de realizar una proyección a largo plazo y considerarla como una oportunidad de inversión.

Pero también existe el concepto de factor humano, que se refiere a las cualidades que las personas utilizan para ayudar a la empresa a lograr sus objetivos. La motivación será crucial en este sentido.

El Departamento de Personal

Como ya mencioné anteriormente, es posible que esta denominación no sea la más adecuada para describir correctamente el significado que debería tener este departamento. Por lo tanto, tal vez sería una buena idea darle un nuevo nombre al departamento que se encarga de todo lo relacionado con las personas que trabajan contigo.

Esta sección de la empresa, sin duda, tendrá que administrar toda la parte administrativa de una relación laboral. En pocas palabras, contratación, nóminas y despidos. Sin embargo, este departamento también deberá avanzar si desea tratar an esas personas como parte de su capital en lugar de un recurso más. Explico...

La compra de maquinaria es una promesa. En otras palabras, la persona que te la vende afirma que con esa máquina tendrás la capacidad de generar X ingresos, producir X unidades diarias y tener una efectividad del 100% durante X tiempo. Y cuando compras, consideras métricas para confirmar que las promesas eran reales y que la inversión valió la pena. Si la verdad no coincidiera con lo que te dijeron, seguramente te quejarás e incluso podrías pedir una compensación por el engaño.

¿Hacemos lo mismo con los empleados que contratamos? Te aseguro que no.

Estas personas llegan a trabajar con nosotros después de un proceso de selección en particular y porque cumplen con los requisitos mínimos del puesto. Pero, ¿qué sucede después del período de prueba y la adaptación? ¿Qué métricas sigues para confirmar que esta persona te está cumpliendo lo que te prometió? En general, no. Además, me atrevería a decir que pasamos de un extremo al otro y dejamos de lado la gestión y la productividad de esta persona de tal manera que no comenzamos a poner en tela de juicio su desempeño hasta que notamos algo claramente evidente. Cuando esto ocurre, generalmente es porque la empresa ya ha notado que algo está fallando, lo que no suele ser una buena señal.

Con esto quiero decirte que si tu departamento de recursos humanos desea avanzar, deberás desarrollar un conjunto de métricas que te permitan evaluar la productividad de cada miembro de su personal. ¿No lo haces porque tienes la creencia de que se sentirán hostigadas por ti? Te aseguro que no será así si incorporas esta práctica a la cultura de tu empresa. Pero, claro, los cambios son difíciles de manejar y es muy probable que encuentres ciertas resistencias al principio.

Si decides hacerlo, creo que debes ofrecerles una nueva perspectiva. Dicho de otro modo, podrías usar estos índices de productividad para premiar a las personas que realmente se lo están ganando y poner el foco en las que no, así como para descubrir qué problema las está frenando. De esta manera, también podrás brindar capacitación más adaptada a las necesidades reales de tu capital humano y aumentar su valor. Considere que esto es un proceso continuo y que tú estableces el límite.

Las métricas son cruciales.

Se dice que no se puede mejorar lo que no se puede medir. Y si tu maquinaria está produciendo menos, lo sabrás de inmediato porque te lo dirán los números, no porque tengas la impresión de que "últimamente se produce menos". Las métricas son verdaderas y lo mismo se puede decir del desempeño de sus empleados.

Si no te gustan los números que obtienes, debes investigar por qué son así. Si la causa es la falta de capacitación, debes hacer todo lo posible para proporcionarla. Si el motivo es personal, debes considerar qué puedes hacer para ayudar an esa persona o personas. Debe interceder para solucionar el problema si el motivo son problemas relacionados con algún compañero de trabajo. Cuando se trata de dinero, tal vez sería una buena idea ofrecerle una alternativa. Y así con todas las opciones que puedan ofrecerte para que esa persona pueda realizar sus tareas de la mejor manera posible.

Después de todo, están ahí porque en un principio hubo un acuerdo entre vosotros. Y para evitar perder el tiempo, si alguna de las dos partes cree que ha llegado el momento de romper la relación laboral, la otra parte debe saberlo de inmediato.

Variable humana

Como hemos visto, hay muchos términos que se acompañan del adjetivo "humano" en el ámbito corporativo. Y precisamente humano se refiere a las cualidades que nos diferencian de los animales. Debido a que no somos seres animales ni números, es hora de tratarnos como personas: individuos con una historia, un contexto y una idiosincrasia muy particular. Personas a las que un departamento de "Recursos Humanos" no está preparado para atender y a las que es necesario escuchar para entender. Un departamento dedicado a lo más importante que hay en una empresa: las personas que la sacan adelante cada día no debería ocuparse solo de contratar, hacer nóminas y extender finiquitos.

Parte Uno: Comunicación Eficaz

La comunicación es uno de los componentes más esenciales de una relación saludable, independientemente de si está casado, recién casado o tiene una pareja del mismo sexo. Debido a que cada persona percibe el mundo de manera diferente, las personas tienen dificultades para comunicarse. Cada persona tiene sus propias perspectivas y creencias basadas en cómo creció, su familia inmediata y ampliada, su cultura, su educación y sus experiencias. Cada uno de estos elementos juega un papel importante en la comunicación.

Algunas personas no son muy buenas para escuchar, y otras pueden simplemente reprimirse al expresar sus sentimientos porque pueden haber tenido una experiencia de comunicación deficiente en el pasado. Imagine pasar toda su vida teniendo conversaciones poco saludables. Cuando finalmente se transforme en algo saludable, no sabrá qué hacer y sus viejos hábitos afectarán su relación actual. Sin embargo, si este no es el caso, es posible que haya estado con su pareja durante un tiempo, pero su confianza se ha desmoronado y, por lo tanto, se ha evitado hablar con su cónyuge. No importa lo que suceda, la comunicación es el elemento más importante que se debe tener en cualquier situación o relación dada.

Hay muchas razones por las que puede ser difícil comunicarse de manera efectiva. Una persona puede decir algo y tener un significado diferente que la otra persona puede entender de manera equivocada o completamente diferente. Cuando esto sucede, los desacuerdos aumentan y los problemas persisten. En esencia, la falta de habilidades de comunicación puede causar problemas no solo en casa sino también en sus carreras. Por lo tanto, ¿qué es exactamente la comunicación efectiva?

Es importante no solo comunicarse verbalmente, sino también ser un buen oyente. Se trata de estar siempre al tanto de tus sentimientos y comprender a las personas cuando son vulnerables contigo. Es cuando puede transmitir un mensaje de manera clara y sin malinterpretar las palabras y el lenguaje corporal.

La comunicación efectiva está formada por cuatro rasgos distintivos:

Habilidades de escucha excepcionales

Comunicación sin palabras

Administrar su estrés emocional en este momento

Mostrar respetuosamente sus sentimientos y comportamientos.

Si se les da tiempo y paciencia para atender y trabajar en estas habilidades, se pueden aprender y desarrollar. Cuando te acostumbres a ser consciente de cómo te comunicas, te sentirás más en sintonía con tus palabras y pensamientos en relación al mensaje que estás tratando de transmitir. Si se toma el tiempo para aprender an expresarse y prestar atención a los demás, a largo plazo, su comunicación será más instintiva y efectiva.

Veamos estas cuatro características más a fondo.

Crecimiento del lenguaje

Antes de entrar de lleno en este fascinante tema, es interesante reflexionar sobre cómo se produce el desarrollo del lenguaje, ese proceso cognitivo por el cual los seres humanos aprendemos a comunicarnos verbalmente.

Es importante recordar que es un proceso limitado en tiempo y que solo ocurre durante los cinco primeros años de la vida.

Es fascinante pensar sobre este tema y, si desea ir más allá, te recomiendo leer sobre el caso del niño salvaje Víctor de Aveyron, quien fue encontrado en los bosques de Francia cerca de Toulouse en 1790, donde aparentemente había pasado toda su infancia.

Los residentes de la ciudad estimaron que cuando fue descubierto tenía alrededor de doce años y carecía de habilidad para comunicarse. Los primeros años los había pasado sin hablar, conviviendo con los animales del bosque.

L'Enfant sauvage, dirigido por François Truffaut e inspirado en la historia real de este niño, es un documental valioso que muestra la importancia del proceso de socialización en el ser humano y las implicaciones que tiene su ausencia.

Una de las obras más destacadas del director es este documental en el que él mismo interpreta al Dr. Jean Itard, el psiquiatra que educó al niño después de ser capturado en un instituto de investigación.

No es la primera vez que ocurre este fenómeno. La opinión pública siempre ha estado atraída por los casos de niños salvajes. En el año 1344, se presentó el caso del "niño lobo de Hesse", que fue el primer caso documentado adecuadamente para diferenciarlo del ámbito exclusivamente mitológico. Después de eso, se produjeron otros casos, como el de una niña en Francia, otro en Turquía y los niños lobos de Midnapore (India, 1920).

4.1 La complejidad del lenguaje hablado

En la actualidad, hay muchas teorías que explican la adquisición del lenguaje, pero ninguna es aceptada por todos.

Es evidente que es un proceso que se lleva a cabo durante un período de tiempo crucial, conocido como el "período preoperatorio" por Jean Piaget.

La teoría más popular es la del lingüista norteamericano Noam Chomsky, quien ha realizado una gran cantidad de estudios sobre la psicología del desarrollo y es uno de los pensadores más respetados de la actualidad.

Según su teoría, los niños tienen una habilidad innata para hablar, ya que tienen en su cerebro un dispositivo de adquisición del lenguaje que les permite analizar el entorno que los rodea y descifrar las reglas de la comunicación oral, ya que existe una "gramática universal" común en todos los sistemas de lenguaje conocidos hasta la fecha.

Joseph Chilton Pearce propone algo similar en Magical Child Matures (La maduración mágica del bebé), donde explica que tenemos un cianotipo interno con todas las posibilidades para su realización, y las experiencias únicas de cada niño y su habilidad innata de seguir un modelo –representado por sus padres o cuidadores– son lo que determina su desarrollo. Por ejemplo, si un bebé de una madre hispanoparlante es llevado an una madre que habla swahili, la estructura de su lenguaje será swahili. Aunque el cianotipo universal del bebé contiene todas sus posibilidades de lenguaje, un espejo colocado frente an él extrae una configuración específica de su futura expresión oral.

La razón por la que aprender una nueva lengua es tan difícil una vez pasado el tiempo es porque todos los modelos no presentados durante los primeros años causarán atrofia en esas partes del cianotipo. Los adultos podemos dedicar años a aprender idiomas, pero es muy difícil ser bilingüe o hablar una lengua como si la hubiéramos aprendido como materna.

María Montessori también se dio cuenta de esto y, de hecho, definió el desarrollo del lenguaje como uno de los períodos sensitivos que atraviesa el niño durante su infancia[6].

Ella colaboró con Víctor de Aveyron en la investigación del doctor Itard y pasó muchos años trabajando con niños con dificultades de desarrollo, demostrando que en ese momento podían lograr mucho más que lo que se esperaba de ellos. Fue una mujer verdaderamente revolucionaria.

4.2 El aprendizaje del lenguaje

Como se mencionó anteriormente, un bebé desea comunicarse desde el nacimiento y requiere hacerlo para sobrevivir. Desde los primeros meses, está muy interesado en el lenguaje oral y presta mucha atención a lo que le hablamos y observa los movimientos de nuestra boca. Los primeros meses de lactancia son cruciales para la preparación del habla, ya que ayudan a preparar y fortalecer la musculatura involucrada.

El bebé empieza a comprender todo poco a poco y, de esta manera, el lenguaje se va construyendo en su interior, aunque nosotros no nos demos cuenta. Hay dos fases dentro del desarrollo del lenguaje:

La etapa preverbal, que ocurre entre el útero y los 9 o 12 meses, es cuando el bebé comienza an entender lo que le decimos pero aún no puede hablar como nosotros, aunque puede pronunciar algunas palabras.

La etapa verbal, o periodo lingüístico, ocurre entre los 12 y los 36 meses y se conoce como la explosión del lenguaje, según María Montessori.

4.3 Las etapas de formación del lenguaje

Los bebés experimentan los siguientes acontecimientos durante el período prelingüístico:

A los 3-4 meses, sus vocales son muy claras.

A los 5-6 meses, pueden pronunciar consonantes como p, m, n y d y unirlos a las vocales.

A los 7 o 8 meses, los niños pueden responder adecuadamente a las indicaciones de los adultos y comienzan a comprender la palabra "no".

A los 12 meses, podrá pronunciar sus primeras palabras, que probablemente comenzaron antes, que incluyen saludos, comidas y miembros de su familia. Debido a que cada una de estas palabras representa una situación completa, se denominan holofrases.

Existen dos etapas en el período lingüístico:

Fase de locución, entre los doce y los veinte meses. Para diversos contextos, emplean la misma palabra y crean oraciones de dos palabras, como "mamá aquí", conocidas como frases nucleares. Aunque están aprendiendo los sonidos de las consonantes, hay algunos que son más difíciles para ellos, como la erre.

Después aparecen las frases de tres palabras, también conocidas como frases nucleares extendidas, y pueden hablar de cosas o personas que no están en el ambiente. Pueden expresar este tipo de cosas y se sienten muy seguros. La persona que los cuide debe estar muy bien acompañada de la explosión del lenguaje.

Fase de delocución, que ocurre entre los 20 y los 36 meses. Muestran un alto nivel de conocimiento de sí mismos y del mundo exterior, y aprenden frases más largas y complejas. En la infancia del niño, se presenta una de las crisis evolutivas más fascinantes, la de autoafirmación. Comienzan a usar la palabra "no" entre los 18 y 20 meses y terminan cuando comienzan a usar la palabra "yo" en su vocabulario entre los 32 y 36 meses. El bebé pasa a convertirse en niño, una etapa crucial del desarrollo de la identidad personal, donde llega a la conciencia de que es un ser humano único e individual.

4.4 ¿En qué momento deberíamos preocuparnos?

En primer lugar, quiero destacar que es fundamental respetar los tiempos de maduración de cada niño y disfrutar de su propia evolución al acompañarles en su camino. En ocasiones, los padres experimentamos una tendencia a comparar demasiado y parece que estamos en una especie de competencia constante: "el hijo de fulanito ya gateaba an esa edad", "la hija de fulanita ya come sola", etc.

Por otro lado, también es fascinante comprender un poco cómo funciona el proceso natural de adquisición del lenguaje para estar alerta y poder sospechar si notamos algo extraño.

Un retraso en el habla podría estar asociado con otros problemas orales o motores, como problemas para masticar y deglutir alimentos, o forma parte de un problema más generalizado relacionado con un retraso en el desarrollo. Lo ideal sería identificar rápidamente cualquier problema para encontrar una solución adecuada. Muchas veces, esto es tan simple como curar una infección de oídos persistente, visitar an un logopeda o recibir una terapia del lenguaje.

Debido a que el habla y el lenguaje con frecuencia se confunden, es crucial señalar las diferencias. El lenguaje se refiere an entender y ser entendido a través de la comunicación, sea verbal o no, y el habla es la expresión verbal del lenguaje e incluye la articulación, que es cómo se forman los sonidos y las palabras.

Un niño puede articular bien las palabras, pero tiene dificultades para entender las instrucciones, mientras que al revés, un niño puede usar palabras y frases para expresar sus ideas, pero no podemos entenderle.

Alrededor del año, los niños suelen pronunciar su primera palabra intencional. Hasta ese momento, el bebé experimenta las primeras fases del desarrollo del habla, que son el gorgojeo y el balbuceo.

Los siguientes son algunos factores que deberían considerarse como motivos de preocupación:

un recién nacido que no responde al sonido ni vocaliza.

Un niño de 12 meses que carece de la capacidad de comunicarse por medio de gestos, como señalar objetos, decir adiós con su manita, etc.

Si aún usa solo gestos y no articula palabras con 18 meses.

Si no comprende las peticiones verbales básicas como "dame eso", "toma tu chupete" o "vamos a dormir" cuando tiene 18 meses.

Si el niño no habla espontáneamente cuando tiene dos años.

En estos casos, podría haber un problema que debe investigarse, como dificultades de audición o problemas con el aparato fonador, como alteraciones en la lengua o el paladar, un frenillo corto, nódulos en la garganta, etc.

La mejor opción es controlar estos problemas durante las revisiones médicas del niño y discutir con el pediatra cualquier preocupación sobre el desarrollo de nuestro hijo. Siempre podemos pedir una evaluación de un profesional especializado en caso de tener alguna sospecha para quedarnos tranquilos.

4.5 La importancia de que los niños hablen

Como se mencionó anteriormente, el niño produce su primera palabra intencional alrededor del año de edad. Al principio, usan la misma voz para decir todo. Desde los ocho meses, nuestro segundo hijo se comunicaba repetindo la misma palabra: "nenenene".

Es fundamental que le hablemos con claridad, evitando usar diminutivos o "palabras de bebé" como "¿qué hace el niño?", "¿quiere su bibi?" o "¿dónde está el guau-guau?", etc.

Hablar directamente con el niño, especialmente poniéndonos a su altura, hace la diferencia. Es más sencillo que se fije en nosotros y en los movimientos de nuestra boca de esta manera. Debemos prestar atención a la utilización de frases cortas y claras, un tono tranquilo y calmado y una buena articulación de cada palabra.

Además, podemos adquirir la costumbre de contarles historias, incluso si nos parece que aún es temprano para que comprendan, y también podemos cantarles canciones. Me encantan especialmente los "cuentos sobre la piel". Como educadora de masaje infantil, aprendí esto y siempre lo enseño en mis cursos cuando los bebés son un poco más mayores y ya se hace difícil que se estén quietos para recibir un masaje. Podemos usar imágenes y tarjetas como bits de inteligencia, sin sobreestimular al niño, y una gran cantidad de ideas: el niño está ansioso por aprender.

Todos los niños aprenden a hablar de forma espontánea y natural si no hay un problema específico. Por supuesto, hay niños que hablan más que otros, pero cuando intuimos que algo no funciona bien, me atrevería a decir que el 90 % de las veces no existe un problema real y todo se puede solucionar con la participación de los padres y cuidadores.

Un grupo de investigadores de la Universidad de Standford llevó a cabo un estudio reciente en el que explicaron qué pueden hacer los padres para ayudar a sus niños a mejorar sus habilidades lingüísticas. Este estudio ha sido publicado en muchos lugares.

El estudio incluyó 29 niños de 19 meses de familias hispanas. Cada familia recibió una pequeña grabadora de sonido para registrar los sonidos que el niño escuchaba en casa durante el día. Las grabaciones se examinaron para llegar a dos conclusiones:

Los momentos en que los cuidadores hablaban con los niños

Los momentos en que los adultos hablaban, pero no se dirigían an ellos: otras conversaciones, llamadas telefónicas, etc.

Esto permitió observar las notables diferencias entre familias: algunos niños escuchaban más de 12.000 palabras dirigidas an ellos en un solo día, mientras que otros escuchaban menos de 700. Según Anne Fernald, quien ha llevado a cabo el estudio, son solo 67 palabras por hora, lo que representa una cantidad menor que las que se escuchan en un anuncio de 30 segundos.

Los investigadores realizaron pruebas lingüísticas cinci meses después de la grabación para determinar el nivel de habilidad lingüística de cada niño. Las conclusiones fueron obvias: los niños con más palabras dirigidas hacia ellos desarrollaron un vocabulario mucho más amplio.[7]

A menudo se le atribuye an Einstein la frase: "Si desea que su hijo sea astuto, le cuéntele historias". Cuéntele más historias si quiere que sea aún más inteligente.

Es un consejo de expertos, independientemente de si es el autor.

Modelos De Interacción

No es nuestro propósito en este trabajo profundizar en un análisis de los medios y tipos de comunicación y su evolución en orden cronológico.

Nuestro objetivo es analizar y señalar las causas de los problemas entre parejas, donde las fallas en las conversaciones fueron o son consideradas como el agente causal, y presentar recomendaciones sobre cómo las relaciones interpersonales pueden mejorar significativamente las relaciones entre cónyuges.

Antes de ir más allá, debemos clarificar algunas definiciones.

La primera se refiere a las relaciones íntimas entre parejas y se refiere a todas y cada una de ellas que involucran a la pareja de manera muy cercana; no se refiere an una relación específica que requiera una presencia física.

Otra observación es sobre los términos "pares" y "socios"; usamos, específicamente en nuestro trabajo, la palabra "par" como diminutivo de "socio" o "socia"; y cuando usamos "socio", excluimos el género, lo que significa que puede significar tanto la pareja como el socio.

Y hablando de matrimonios y separaciones, te informamos que el término "matrimonio" se refiere a cualquier tipo de relación que implique la convivencia entre dos personas, no solo los matrimonios oficiales; y las separaciones son cualquier tipo de separación entre parejas, no solo los divorcios.

Después de aclarar estas breves definiciones, examinaremos algunos modelos de comunicación. Ten en cuenta que nuestro enfoque es principalmente la comunicación dentro de las relaciones de pareja.

Comunicación por escrito

Es el tipo en el que solo necesitamos usar la forma oral, el discurso pronunciado; se puede hacer entre el emisor y el receptor en el mismo lugar, como una conversación en la misma habitación, o se puede hacer a distancia, usando radios o teléfonos.

Cuando nuestros clientes vienen con síntomas de una pareja diferente, les damos una pequeña cabeza de Buda (un poco más grande que una pelota de tenis).

Para aquellos que nunca han observado la representación del Señor Siddhartha, también conocido como el Señor BUDA, es interesante notar que las orejas son significativamente más grandes que la boca.

Hay quienes sostienen que las orejas largas tienen un significado diferente; sin embargo, para cumplir con los objetivos de nuestro trabajo, elegimos la teoría de que las orejas largas destacan la importancia de escuchar lo que nos rodea, prestando más atención an escucharme que a hablar.

Y al presentar a nuestros clientes este pequeño símbolo, enfatizamos que escuchar, interpretar y hablar solo lo necesario es más importante en nuestra vida diaria.

Escuchar cuando alguien nos dice algo es muy diferente de callar.

Es un arte y una ciencia escuchar cuando alguien intenta decirnos algo.

Cuando alguien se dedica a comunicarnos algo, es porque esa transmisión es importante para él.

Este intento de comunicación es aún más importante en el contexto de las relaciones matrimoniales.

Si no nos interesa el mensaje, significa que no nos importa lo que nuestra pareja piense, sienta o crea.

Aunque podamos estar en desacuerdo con el contenido, nunca podemos ignorar el impacto que tiene la persona con la que compartimos nuestra vida.

Debemos expresar nuestra opinión si no estamos de acuerdo con lo que se nos está exponiendo; eso es lo que hace una persona madura.

Una de las peores cosas que podemos hacer es ignorar la atención de una persona hacia nosotros; si nos limitamos a permanecer en silencio, ignorando la transmisión de la otra persona, el riesgo de crear un conflicto es muy alto. Esto es una atrocidad para la relación.

Es una sentencia de muerte para el equilibrio y la salud de la convivencia; es un testamento a la falta de respeto a toda evidencia.

Nuestro rechazo an aceptar lo que la otra parte nos está exponiendo es una comunicación muy fuerte y muy clara de nuestra parte, diciendo que no nos importa lo que piensa, siente o quiere; de esta manera, la estamos faltando al respeto.

Al actuar de esta manera, estamos violando los derechos de la otra persona; estamos violando su forma de vida, pensamiento y expresión. Quizás perdemos algo que era fundamental para mantener la relación.

¿Cuáles pueden ser las bases de una relación en la que solo una de las partes considera tener derechos? Esto es una falta de respeto total. Y sin respeto por ambas partes, ninguna relación se sostiene.

Si la afirmación de la otra persona no es relevante, no nos afectará.

La otra persona comprenderá y se sentirá valiosa si exponemos nuestros argumentos de manera fluida, delicada y respetuosa. Esto se debe a que las discusiones sanas son motivos de crecimiento para la madurez de la pareja.

El simple hecho de escuchar de verdad a la persona que nos habla nos hace más humanos; la persona que nos habla se dará cuenta de que notamos su existencia, valoramos su punto de vista, su forma de hablar, su percepción, y eso es muy valioso.

Y en la práctica, hemos visto muchas situaciones en las que uno de los compañeros asume la prerrogativa de que él es el único que sabe lo que es correcto y tiene el derecho único a hablar y argumentar.

En primer lugar, escuchar lo que nos dice la persona amada es una forma de valorar an esa persona y a sí mismo.

Además de los efectos negativos del silencio, hay otra situación que podría arruinar la relación.

Esto es lo que sucede cuando uno de los miembros de la pareja observa un cambio en el comportamiento de su cónyuge, pero no intenta ayudar a su otro compañero.

Como hemos dicho una y otra vez, las comunicaciones tienen lugar de varias maneras, y el cambio de comportamiento de una de las partes es una de ellas.

Es común que cambiemos nuestra forma de ser, aunque sea por poco tiempo, cuando nos vemos afectados por algún factor, ya sea del entorno externo o del entorno familiar.

Es una buena práctica acudir en su ayuda y tratar de brindarle algún tipo de apoyo cuando notamos este cambio en la persona que convive con nosotros.

Esta actitud es una caricia amorosa que calienta tanto al que ofrece el hombro como al que recibe.

Muchas veces, incluso si no tenemos la solución an ese problema, nuestra presencia y nuestra disposición an ayudar ya impulsan a la persona que atraviesa el calvario.

Cuando notamos este cambio y ignoramos lo que sucede con nuestra pareja, estamos siguiendo un modelo perjudicial de silencio con la otra persona; estamos evitando nuestro compromiso de relacionarnos con la persona que está a nuestro lado.

La persona acabará notando nuestra indiferencia por algo serio, importante para ella o para la relación.

El caso es que si ella se siente mal con algún problema, estos sentimientos la harán pensar en su propia relación.

No hay sabiduría en omitir el apoyo emocional a nuestra pareja o a alguien que comparte su vida con nosotros.

Aunque no podamos ayudar a resolver el problema, si demostramos nuestra solidaridad con el motivo de consternación del otro, el simple interés es suficiente para que el otro note nuestra buena voluntad y nuestra preocupación por él, y con eso se sentirá más segura y apoyada.

La Radio En Bolivia Es Uno De Los Paisajes Sonoros De Las Luchas.

Muchas personas afirman que los sonidos de las guerras recientes se remontan a mucho tiempo atrás; que la memoria extensa de la población ha conservado recuerdos de las batallas que se remontan a la conquista. Sin embargo, aquí solo hablaremos del paisaje sonoro de la memoria corta, que todavía tenemos vivo, ya que muchas radios lo han hecho posible.

El medio por excelencia para producir y reproducir paisajes sonoros de la acción social es la radio. Estos paisajes sonoros representan la historia de las batallas en Bolivia. En Bolivia, es imposible separar la historia de la radio de la historia de los principales acontecimientos que marcaron esas luchas. La aparición de la primera estación de radio comercial en Bolivia se relaciona con una de las batallas más violentas y conflictivas de nuestra historia, la guerra del Chaco, que involucró a bolivianos y paraguayos entre 1932 y 1935.

Sin embargo, ¿qué es un paisaje sonoro? Es la narración, el relato del entorno específico de un lugar específico, un cuadro pintado con voces, sonidos, música, ruidos y silencios específicos que crean escenarios y subjetividades cuya voz amplificada se cuela en las palabras para producir significaciones colectivas. El paisaje sonoro representa la práctica y la acción social, recuperando la memoria colectiva como respuesta an un determinado contexto social, histórico y político.

Una perspectiva actual

Si se afirma que Bolivia está experimentando momentos de transformación, se está repitiendo la prueba. Es innegable que ese cambio se ha producido durante un extenso período de lucha por parte de los movimientos sociales, y uno de sus momentos más importantes fue la victoria electoral de Evo Morales a fines de 2005.

Este proceso se ha creado a partir de la combinación de dos hechos que son complementarios y conforman los impulsores de las luchas y el progreso de las fuerzas populares.

En primer lugar, las características coloniales y monoculturales de la conformación y estructura del Estado boliviano han persistido desde la fundación de la república y han generado una estructura estatal que produce y reproduce lógicas y mecanismos de subordinación política, económica, social y cultural. Esta subordinación se impone en una sociedad conformada en más del 65% por una población que se reconoce fundamentalmente indígena. Sin embargo, se encuentran la naturaleza y los resultados de los veinte años de implementación del modelo neoliberal, el cual fue sistemáticamente implementado por varios gobiernos de turno... hasta el año 2005.

Desde el 18 de diciembre de 2005, cuando Evo Morales asumió la presidencia, se están tomando medidas para reemplazar el modelo de desarrollo neoliberal con un enfoque más comunitarista y socialista. Durante los años 2006 y 2007, a medida que el Movimiento al Socialismo (MAS) gobernante trabaja en conjunto con organizaciones sociales urbanas y rurales, se comienza a desarrollar la noción de un Estado plurinacional y descolonizador.

Los cambios, ya sean deseados o en desarrollo, crean nuevos campos de batalla. Los grupos privilegiados de antaño no tendrán fácilmente que perder sus privilegios. Por lo tanto, comienza una intensa confrontación de posturas que indica intenciones hostiles: se luchará con fervor por mantener los antiguos privilegios. La guerra civil es una opción que los grupos más conservadores y extremistas debaten.

En este proceso, hay una especie de cambio de opinión. Por un lado, están los grupos oligárquicos más antiguos que todavía se apoyan en una estructura estatal "en transición". Perdiendo su autoridad política centralizada, buscan el poder regional a través de la petición de autonomías departamentales en el oeste boliviano, la cual cuenta con el respaldo de una amplia base social local. Con la transición geográfica, estos grupos buscan mantener intacto su sistema ideológico, moral y jurídico, el cual les permite moverse con cierta facilidad verbal.

En contraste, las clases bajas, los trabajadores informales, los grupos indígenas originarios, los campesinos, los cocaleros, los colonizadores, los mineros que regresan a la minería estatal y las clases medias empobrecidas confían en los avances de Evo Morales para mejorar su situación. Evo Morales se esfuerza por debilitar las bases del Estado colonialista, monocultural y neoliberal, y busca eliminar la dependencia de la economía boliviana de los poderes económicos y políticos transnacionales que afectan la soberanía nacional.

El MAS, el partido en el poder actual, no nace como un partido político tradicional, sino más bien como un instrumento político de los movimientos sociales más activos que han surgido en las últimas décadas. Estos movimientos sociales se componen de una mezcla de identidades que antes eran sindicales, comunales rurales y vecinales urbanas.

El gobierno actual está llevando a cabo un proceso de cambio que, según sus líderes, no solo tiene como objetivo modificar la naturaleza y dirección de las políticas públicas, ni eliminar el modelo económico y político establecido por el neoliberalismo, sino que también busca realizar transformaciones significativas en la estructura y organización del Estado, eliminando su contenido colonial y monocultural.

Para lograr esto, los movimientos sociales han llevado a cabo una Asamblea Constituyente para establecer los componentes fundamentales de un nuevo contrato social. La Asamblea Constituyente tiene como objetivo establecer un Estado plurinacional que tenga en cuenta todas las tradiciones civilizatorias del país.

En síntesis, actualmente se está llevando a cabo una competencia por el establecimiento de nuevas autoridades, así como de nuevos conceptos y términos.

Los medios de comunicación masivos

En términos de palabras, se puede afirmar que en los medios de comunicación masivos, especialmente en la televisión y la prensa escrita, el discurso de los grupos del viejo poder sigue teniendo legitimidad formalmente, ya que se basa en la idea mecánica de que la oposición no debe perder la palabra, incluso si realmente no tiene nada que decir.

Sin embargo, sería absurdo creer que solo esa consideración motiva a los medios de comunicación a dar la voz a la derecha conservadora y hacer que sus líderes políticos se presenten constantemente como interlocutores competentes y poseedores de la verdad absoluta. La guerra de posiciones ha cambiado a la comunicación de masas. Los conservadores tienen una ventaja en esta batalla ideológica.

Detrás de los medios de comunicación no solo se encuentran empresarios asociados con grandes corporaciones e intereses internacionales, sino también grupos políticos antiguos que tienen intereses antinacionales y antipopulares, así como esferas racistas y regionalistas. También está a cargo de un grupo de líderes intermedios (directores, editores en jefe, jefes de informaciones, editores de área, etc.) que están conectados con la lógica del poder oligárquico, no solo por motivos personales o recompensas, sino también por una especie de lealtad criolla de larga data.

Según las estadísticas, posiblemente para proteger a la mayoría de los ciudadanos bolivianos, nuestro país es conocido por su uso de radioescuchas. La mayoría de la población es analfabeta o semianalfabeta, y la población indígena está excluida de los códigos oficiales de comunicación por su raza y su idioma, lo que ha permitido que la "opinión pública" ficticia creada por los periódicos y la televisión en realidad no sea tan públicamente mayoritaria ni tan opinión a secas.

Una muestra es la limitada tirada de los diarios de circulación nacional. Es una cifra absurda de veinte mil ejemplares, o incluso treinta mil, para una población de más de nueve millones de personas, de las cuales se espera que al menos la mitad estén capacitadas para la lectura. La publicación en los periódicos de alcance local es aún más absurda. Sin embargo, esta es la realidad en un país donde los medios escritos compiten por un pequeño mercado de lectores.

Sin embargo, es importante reconocer el poder y la influencia que los periódicos ejercen en ese reducido grupo de lectores, especialmente si se trata de un grupo donde se establece el poder y se discute sobre él de manera "intelectual", en términos occidentales.

La televisión tiene tanto sus ventajas como sus desventajas. A pesar de que los medios de comunicación no lo afirman, el periodismo televisivo ha perdido valor debido a la implicación de sus empresarios en intereses antinacionales y antipopulares, así como a la incapacidad de los periodistas para actuar con dignidad y profesionalismo en lugar de priorizar las consignas superiores. En general, consideramos que estas circunstancias hacen que la gente desconfie de los medios de comunicación, pero no que dejen de ejercer su influencia debido a la repetición, la manipulación, el rumor y la especulación.

Mientras tanto, en los medios de ese tipo, se inicia una nueva estrategia de comunicación en agosto de 2006. La creación de una comunidad de emisoras populares que sirvan como portavoces del gobierno del MAS, tal como Patria Nueva, y que también representen a los sectores que apoyan sinceramente los cambios.

Nuestro deseo es que los medios de comunicación estatales y las radios comunitarias brinden atención a las personas que no tienen voz... Ahora tendrán la capacidad de expresar los sentimientos, pensamientos y dolores de la mayoría nacional. Evo Morales declaró que el medio de comunicación será fundamental para la educación durante la apertura de la nueva red estatal en

Sucre, coincidiendo con la apertura de la Asamblea Constituyente.

Un resumen de la historia de la radio

Los sacerdotes jesuitas José Clerc y Francisco Cerro llevaron a cabo los primeros experimentos radiofónicos en 1897. En el año 1914, Cerro y Descotes construyeron el primer transmisor y luego se ampliaron en 1922 con la adquisición de otro transmisor argentino que fue donado al ejército durante la guerra del Chaco.

En 1929, los hermanos Rodolfo y Enrique Costas abren Radio Nacional de Bolivia, la primera radio en la historia de Bolivia, con equipos importados de Estados Unidos. A pesar de que se conoce que la Radio Chuquisaca ya estaba en funcionamiento en Sucre en 1928, fue Radio Nacional de Bolivia y luego Radio Illimani quienes permitieron crear el primer gran paisaje sonoro que aún se encuentra en la memoria colectiva.

La radio ha sido un medio que ha permitido que la guerra del Chaco sea recordada por la gente. La guerra no se limitó a luchar contra un adversario externo, sino también an enfrentar un conflicto interno, reuniendo a los numerosos hijos de un país que solo reconocía a algunos de ellos en las arenas chaqueñas. Durante la batalla, los nativos de las montañas y las tierras bajas se toparon con los mestizos, los blancos y los cholos, y comenzaron an identificarse y mirarse como hermanos.

Sin embargo, en 1933, cuando se reconoce el inicio de la guerra, un grupo de destacados individuos (intelectuales, mineros e industriales) decide llevar a cabo una colecta pública con el fin de proveer al Centro de Propaganda y Defensa Nacional de equipos modernos y de largo alcance, lo que posteriormente se convirtió en Radio Illimani.

Durante el período posterior a la guerra del Chaco (1932-1935), el sistema de acumulación existente en Bolivia experimenta una crisis en 1929. La economía de enclave minero solo pudo crear un mercado interno reducido y un Estado nacional débil debido a su debilidad. Durante este período, que va desde mediados de 1940 hasta 1952, comienzan an aparecer las fuentes de radiocomunicación minera.

La revolución de 1952 marcó un momento histórico en el que nos enfrentamos por primera vez a nuestras posibilidades como nación y demostró que estas posibilidades se encuentran en la nacionalización de nuestros recursos, nuestra economía y nuestro gobierno. La Revolución de 1952 representó una síntesis impresionante de la diversidad étnica y minera de una población que se encontraba en su propio "aislamiento".

Durante el período de la revolución nacional, la Agencia Informativa de Estados Unidos (USIS) entregó radionovelas con contenidos anticomunistas a las radios bolivianas, como Ojo de Águila y los Tres caballeros. Además, se distribuyó gratuitamente el periódico nacional Crónica.

En 1947, se establece La Voz del Minero, una radio sindical. Es una necesidad política de tener herramientas adecuadas para respaldar las protestas de los trabajadores en contra de la explotación minera y terrateniente, así como del poder minero-feudal.

Las radios mineras eran la voz y la palabra de la clase obrera, describiendo con sonidos la vida diaria del campamento, relatando el sacrificado trabajo del minero, los violentos asaltos militares, las heroicas resistencias y las tensas movilizaciones. Su fuerza estaba vinculada a la Federación Sindical de Trabajadores Mineros de Bolivia (FSTMB) en ese momento y a la conocida Tesis de Pulacayo. Estas emisoras estaban financiadas por los aportes mensuales de los empleados.

Después de la proliferación de radios extremistas, el Vaticano estableció la radio Pío XII en el distrito minero del Siglo XX, dirigida por un grupo de sacerdotes oblatos canadienses. Su objetivo era combatir el comunismo y la propagación del ateísmo en los centros mineros. Sin embargo, la radio La Voz del Minero seguirá siendo competencia y resistencia ante esta forma de "evangelización" mediática.

A medida que el MNR cede al renunciar a sus tesis revolucionarias, las radios mineras se enfrentan constantemente con el poder autoritario, militar y golpista. Su constante agitación y convocatoria de resistencia y organización las convierten en blanco de la violencia y la destrucción de sus ambientes, equipos y locutores.

A pesar de que las radios mineras sirven como una extensión de la voz y la fuerza de las luchas del pueblo, poco después de nacer la primera radio minera, surge otra voz, esta vez del campesinado aymara. Radio Peñas, propiedad de los padres de Maryknoll, es la emisora que se encuentra an orillas del lago Titicaca. Radio Peñas se enfoca en la enseñanza de la alfabetización y la enseñanza católica, sin embargo, en 1976 es transferida a los Hermanos de las Escuelas Cristianas (La Salle), quienes la nombran Radio San Gabriel. La radio ha brindado servicios al pueblo aymara tanto en el pasado como en la actualidad. La programación de ellos ha recuperado el espíritu de la comunidad: es participativa. El personal de la emisora está compuesto por agricultores aymaras que ocupan diferentes puestos de manera intermitente.

En el año 1968, los progenitores de Maryknoll establecen Radio San Miguel en Riberalta, un lugar donde se produce caucho y castaña en la selva amazónica. La radio ayuda a los grupos indígenas chacobos, esse ejjas, cavineños, tacanas y araonas a recuperar su cultura mediante la difusión de reporteros populares. Además, promueve el fortalecimiento de la organización campesina para mejorar la salud, aumentar la producción agrícola y mejorar sus sistemas de comercialización.

En 1967, se creó una red de radios católicas pero no confesionales llamada Educación Radiofónica de Bolivia (ERBOL), la cual abarca el 40% del espacio sonoro nacional y cuenta con 67 emisoras.

Sin embargo, los programas de campesinos en las radios comerciales tienen un formato poco conocido que implica el uso de lo que Luís Ramiro Beltrán llama el "tiempo muerto" de una emisora urbana comercial, que se transmite de cinco a seis de la madrugada en una emisora urbana comercial.

Por último, pero no menos importante, las emisoras de radio comunitarias. Estas emisoras de radio tienen como objetivo establecer un proceso de recuperación cultural no formal y un acercamiento a las organizaciones populares. La idea es acercar la educación a través de la radio al pueblo. Recopilan las emociones de las personas durante las celebraciones mediante el uso de sus micrófonos en las ferias, los lugares de encuentro y las reuniones. Las emisoras de radio comunitarias se transforman en una herramienta para la estructuración social y en un medio para expresar y oponerse a la corriente neoliberal.

Consideraciones importantes

En la actualidad, es imposible mencionar la globalización al hablar de los medios de comunicación masivos o de la producción radiofónica en Bolivia. Debido a que la globalización es un proceso de uniformización de comportamientos y comportamientos, lo que está causando cambios significativos en la base de las costumbres sociales de nuestras comunidades.

Sin embargo, en Bolivia, la globalización ha provocado una mayor exclusión social y pobreza, la mercantilización de los recursos naturales y la deslegitimación generalizada de la política. La pérdida de la identidad cultural ha sido el resultado de estos procesos de fragmentación. Además, ha habido un notable crecimiento de los medios de comunicación y del flujo de información en sí mismo, lo que ha creado una nueva cultura política.

Según el Censo de Población y Vivienda de 1992, alrededor de las tres cuartas partes de la población boliviana son bilingües y hablan su lengua materna, lo que indica que la mayoría de la población se encuentra en esta condición. Esto significa que los programas de comunicación popular no pueden pasar por alto esta realidad en relación a la Amazonia y el Chaco, así como en la región andina. Los llamados medios de comunicación alternativos, especialmente la prensa y la radio, parecen ser las tareas comunicacionales más importantes en el orden operativo.

La relación entre lo oral y lo escrito sigue siendo complicada. Según la comparación anterior, se comprende que la escritura requiere un mayor esfuerzo, mientras que la transmisión oral es más natural, ya que se trata de la práctica diaria de intercambiar idiomas. Se utiliza la prensa para respaldar la radio y el medio escrito para respaldar los programas de radio. Esto implica que la escritura está subordinada al habla, con todas las consecuencias culturales que esto conlleva.

En su obra Historia y crítica de la opinión pública[1], Jürgen Habermas explica cómo se ha desarrollado una prensa que organiza la crítica y el razonamiento públicos, que es parte del juego democrático y que los ciudadanos utilizan para fiscalizar al Estado. Los grupos de discusión, los clubes de debates, las asociaciones y luego los partidos deben utilizar la prensa para difundir sus ideas y su interpretación de los hechos. No obstante, Habermas concluye que es necesario cerrar esta característica abierta de la prensa en una etapa avanzada de la modernidad y el capitalismo.

Con el crecimiento de los medios de comunicación de masas, el papel activo del ciudadano se está volviendo insignificante. Cuando los medios de comunicación de masas asumen toda la función activa de la comunicación, ya no es la persona que utiliza un medio público para participar en la conformación y circulación de opinión, sino que se convierte en una simple receptora de información, publicidad y propaganda. En esta situación, la prensa ya no es la misma que en los primeros tiempos de la modernidad y el inicio del capitalismo. No hay lógica, ni una consulta del ciudadano ni mucho menos una supervisión. La prensa, al igual que otros medios, pertenece a grandes empresas capitalistas.

Habermas llega an una conclusión sólida de esta situación. La ausencia de una prensa que genere opiniones significa que la democracia no es una posibilidad histórica. No hay oportunidades de involucrarse. La democracia se habría convertido en una simulación de gran envergadura. La discusión desaparece, los acuerdos ya han sido alcanzados y la opinión pública se encuentra inmersa en el preacuerdo alcanzado en el Parlamento.

Bolivia sigue siendo afectada por el crecimiento de los medios de comunicación masivos. En la mayoría de los casos, los empresarios han tomado el control de ellos. Paradójicamente, ha habido una cierta monopolización y una cierta saturación.

Aunque parecen haber muchos medios, la forma en que se expresan, escriben y difunden es la misma. De vez en cuando surge una ruptura, una división, especialmente cuando la multitud se involucra en la creación de medios que intentan ser alternativos al principio. Después, la inestabilidad del mercado atrapa estos mismos medios.

Desde la década de los ochenta, estamos seguros de que la distancia entre la política y la cultura se ha reducido, y que este proceso ha sido influenciado por la globalización, las tecnologías del conocimiento y la información, así como por la socialización de la democracia.

Esta tríada ha difundido nuevos bienes simbólicos a través de los medios, que facilitan la producción y difusión de imágenes y paisajes sonoros políticos y culturales.

Es importante resaltar la participación de los pueblos indígenas, las mujeres y los movimientos sociales en la política y la sociedad, los cuales han surgido de resistencias y luchas sociales contra el principal adversario, el neoliberalismo.

Más que en la prensa escrita, la televisión, la radio... y la radio, se ha visto reflejada toda esa historia social. Y existen momentos críticos en este ámbito.

Introducción A La Comunicación Corporativa

El término "comunicación" proviene de la palabra latina "communis", que se traduce como "compartir". Como resultado, la comunicación se puede definir como el intercambio de información, pensamientos y opiniones entre dos o más personas con el objetivo de mejorar la comprensión mutua y fomentar la buena voluntad. La comunicación ha tenido éxito cuando la otra persona entiende el mensaje de la misma manera y con el mismo espíritu que el comunicador esperaba.

La comunicación, según WH Newman y CF Summer, es el intercambio de información, pensamientos, opiniones o sentimientos entre dos o más personas.

El significado de la comunicación corporativa

La palabra "comunicación empresarial" se compone de términos de comunicación y negocios. Los negocios son todas las acciones humanas realizadas con la intención de generar dinero. La producción de bienes y servicios y su distribución se realizan a través de un sistema de intercambio socialmente regulado.

Por lo tanto, la comunicación empresarial se puede definir como la parte de la comunicación que está relacionada con las actividades empresariales y ayuda a mantenerlas vivas.

La comunicación comercial es la comunicación entre personas que tienen negocios. Uno de ellos es el uso de canales de distribución.

Parece que Scott

La comunicación administrativa es un proceso que implica la transmisión precisa de ideas para lograr las metas organizacionales.

Todas las organizaciones están conectadas por la comunicación. Para realizar sus funciones, necesita comunicarse. es una táctica para unir a varias personas en un equipo u organización para trabajar juntas para lograr un objetivo común. La acción de grupo es imposible sin comunicación. Permite que los miembros se comuniquen, trabajen juntos y avancen. Por lo tanto, es evidente que la comunicación empresarial se refiere a cualquier tipo de comunicación que ocurre cuando dos o más personas conversan sobre conceptos, información o hechos en un entorno empresarial.

ELEMENTOS FÍSICOS DE LA COMUNICACIÓN

La presencia de dos partes: Para que una comunicación tenga lugar, debe haber al menos dos partes involucradas: un emisor y un receptor. El remitente o comunicador desea hablar, escribir o proporcionar instrucciones, mientras que el receptor desea escuchar o recibir el mensaje. Un individuo no puede hablar por sí solo.

La comunicación es fundamentalmente un proceso bidireccional. El receptor debe comprender suficientemente el intercambio de comunicaciones para poder responder al remitente. GR Terry tiene razón en su afirmación de que hablar o escribir sin considerar la respuesta del destinatario puede resultar en una mala interpretación. Por ejemplo, en el caso de que el Sr. Y si le da an un grupo de ingleses o estadounidenses (que no hablan hindi) una conferencia en hindi, el mensaje no se entenderá y no habrá comunicación.

La comunicación es un procedimiento constante. El dueño de un negocio debe estar en contacto con sus clientes y empleados en todo momento. Cuando falla la comunicación, las actividades humanas terminan.

(4) Existencia del mensaje: la comunicación implica que el remitente envíe un mensaje an uno o más destinatarios específicos. El mensaje puede ser una advertencia, una recomendación, un discurso, una reflexión, etc.

(5) La comunicación puede ocurrir de manera hablada o no hablada. La comunicación puede ser escrita, oral o gestual dependiendo del mensaje. Además de los hechos, los pensamientos y las emociones también son parte de la comunicación. Podemos comunicarnos

mucho a través de gestos, sonidos y símbolos, que a menudo tienen un significado más profundo que las palabras.

(6) La comunicación siempre tiene lugar: incluso cuando alguien no habla, la comunicación ocurre. Los gestos alentadores, otras señales de comportamiento e incluso el silencio pueden decir mucho sobre la actitud de una persona.

El número siete afirma que la comunicación es un proceso universal. Es fundamental en todos los niveles de gestión y en todas las empresas.

El apartado ocho afirma que la comunicación es la base de todas las relaciones humanas. Promueve el entendimiento mutuo al influir en los demás y proporcionar información. La comunicación ayuda a construir y desarrollar relaciones dentro de un negocio.

(9) La comunicación es un campo interdisciplinario que incorpora datos de otros campos de estudio. Nuestra comprensión de cómo comunicarnos de

manera efectiva ha mejorado gracias a la antropología (estudio del lenguaje corporal), la psicología (estudio de actitudes y persuasión), la sociología (estudio del comportamiento electoral) y las ciencias políticas (estudio del comportamiento electoral).

(10) Un proceso con un propósito: la comunicación tiene un propósito. La comunicación solo puede ser efectiva si ambas partes son conscientes de su propósito.

OBJETIVO DE LA COMUNICACIÓN CORPORATIVA

Estos son algunos ejemplos de los objetivos de comunicación principales:

(1) Proporcionar información precisa: El objetivo principal de la comunicación es enviar el mensaje adecuado al destinatario adecuado y obtener la respuesta deseada.

Use la técnica de transmisión de mensajes adecuada para el propósito.

(2) Fomentar la cooperación y el entendimiento: la gerencia puede informar a los empleados qué se espera

de ellos a través de una comunicación efectiva, y los empleados pueden expresar cualquier inquietud o sugerencia a la gerencia. Por lo tanto, la comunicación bidireccional ayuda a la gerencia y los empleados a trabajar juntos y comprenderse.

(3) Coordinación de actividades comerciales: una comunicación comercial efectiva ayuda a los diversos grupos de personas que dirigen el negocio a trabajar juntos. Los individuos y los grupos aprenden lo que los demás esperan de ellos a través de la comunicación. Como resultado, el diálogo fomenta la confianza entre los diversos grupos organizativos de una empresa.

(4) Desarrollo de habilidades gerenciales: la comunicación comercial ayuda a los gerentes a tomar decisiones comerciales sólidas y oportunas que apoyan el programa de la empresa.

(5) Prevención de distorsiones: el objetivo de la comunicación es evitar la distorsión de la comunicación y facilitar la adopción y el intercambio de políticas,

reglamentos e instrucciones. Es beneficioso evitar que los empleados se enteren de información errónea, rumores, chismes y problemas emocionales.

(6) Para influenciar a los empleados: la comunicación tiene como objetivo persuadir, persuadir, motivar y activar los objetivos organizacionales. Lo hace transmitiendo información para que el receptor cambie de comportamiento.

(7) Mantener relaciones con otras partes: la comunicación ayuda a mantener relaciones con partes externas como clientes, sindicatos, proveedores, acreedores y otros. En la era actual de globalización y tecnología de la información avanzada, la comunicación es esencial e indispensable.

(8) Decisión e implementación rápidas: la comunicación tiene como objetivo proporcionar a la gerencia la información precisa y confiable que necesita para tomar decisiones rápidamente. La buena comunicación también ayuda en la ejecución de objetivos y procedimientos.

Discuta la importancia de la comunicación corporativa.

Debido a la competencia, los procesos de producción complejos, las operaciones a gran escala y la especialización en los roles de producción, los gerentes de una empresa no pueden organizar, coordinar y controlar las operaciones sin comunicación. Un gerente comunica con frecuencia las tres cuartas partes de su jornada laboral, y ser capaz de hacerlo es esencial para su éxito. Sin una comunicación adecuada, la organización no puede funcionar de manera efectiva, la gerencia no puede desempeñar sus funciones de manera efectiva y toda la empresa se paraliza.

La sangre viva es tan importante para los negocios como para la comunicación.

En los siguientes temas, puede comprender la importancia de la comunicación empresarial:

(1) El buen funcionamiento de una empresa comercial: La comunicación es esencial para que una empresa funcione de manera exitosa, fluida y sin problemas. Se comunican al personal los

objetivos y las políticas de la organización, se crean entornos saludables y de apoyo y se coordinan los diversos recursos necesarios para alcanzarlos a través de la comunicación. La organización no puede funcionar sin obstáculos si las comunicaciones no pueden fluir fácilmente a través de ella.

(2) Ayuda en la coordinación: Las organizaciones complejas modernas tienden a ser de gran tamaño y tienen muchos empleados que trabajan juntos para lograr objetivos compartidos. Para lograr el resultado deseado, es fundamental coordinar el trabajo invertido en las diferentes actividades. La comunicación es la mejor manera de coordinar e integrar los esfuerzos individuales hacia objetivos compartidos. William H. Newman afirma que una comunicación efectiva ayuda en la coordinación de los esfuerzos.

(3) Funciones de gestión fundamentales: el desempeño de muchas funciones de gestión depende de la comunicación efectiva. La gestión de la comunicación ayuda an emitir órdenes, comunicar las

decisiones y dar instrucciones sobre acciones relacionadas con la planificación, la dirección y la coordinación.

(4) Interacciones con terceros: la comunicación es fundamental para la gestión organizativa interna y para mantener relaciones sólidas con los demás. Una empresa puede mantener un contacto cercano con sus inversores, distribuidores, proveedores, clientes y otros grupos sociales a través de una variedad de medios de comunicación. Genera buena voluntad corporativa y fomenta una percepción pública positiva de la organización.

5. La satisfacción laboral depende de la comunicación para promover el trabajo duro y una buena actitud. Los gerentes pueden aumentar la seguridad y la satisfacción de sus empleados manteniendo un contacto constante con ellos. Es fundamental expresar honestamente y abiertamente sus pensamientos en las direcciones.

(6) útil para mejorar las relaciones interpersonales: la comunicación es un

proceso bidireccional que alienta a los miembros de una organización a trabajar juntos y comprenderse. La gerencia puede comunicarse con los empleados de manera efectiva para comunicar sus expectativas, y los empleados pueden presentar sus problemas y sugerencias a la gerencia. Por lo tanto, un buen sistema de comunicación mejora las relaciones interpersonales.

(7) Ayuda a motivar y dirigir a los empleados: solo la comunicación puede inspirar y dirigir a los empleados. El personal debe ser instruido sobre las tareas a realizar y sus responsabilidades. Un gerente, que es un líder formal, comunica y supervisa a su personal.

8) Toma de decisiones rápidas y su implementación: la comunicación es esencial para tomar decisiones rápidas porque permite el proceso de recopilación de datos antes de que se tomen decisiones importantes. Una vez más, debe comunicarse con los subordinados pertinentes para implementar la decisión de manera

efectiva. Por lo tanto, es necesaria una buena infraestructura de comunicación para tomar decisiones e implementarlas.

(9) Control efectivo: La comunicación ayuda a los trabajadores a mantenerse bajo control. Los interesados reciben información sobre los hechos, indicaciones e información y realizan sus respectivas tareas de acuerdo con las indicaciones establecidas en el plan. La gerencia evalúa el desempeño de sus empleados y, según eso, toma medidas correctivas.

(10) Tanto los gerentes como los empleados deben recibir capacitación y crecimiento, y la comunicación es esencial en este proceso. La comunicación es el medio por el cual se obtiene conocimiento, y la cantidad de aprendizaje está significativamente influenciada por las habilidades de comunicación del formador. La comunicación es esencial para el desarrollo de las capacidades ejecutivas y facilita la delegación de poder.

Por lo tanto, podemos decir que la comunicación es fundamental para que una organización siga existiendo. "La primera función ejecutiva es construir y mantener un sistema de comunicación", dijo Chester I. Bernard. La importancia de la comunicación se resume en esta declaración.

FUNDAMENTO DE LA COMUNICACIÓN

La comprensión y el intercambio de información son componentes cruciales de la comunicación. Incluye una amplia gama de acciones y reacciones que están relacionadas y afectan el significado en conjunto. Estos son los componentes principales de la comunicación que se pueden explicar:

El remitente, que inicia el proceso de comunicación, es la persona o grupo que desea transmitir un mensaje an otra persona o grupo. El remitente debe tener una comprensión clara de lo que desea transmitir. El receptor debe reconocer, evaluar y organizar las ideas antes de enviarlas.

(2) Mensaje: Un mensaje es una comunicación. Se utiliza como tema de conversación. Puede incluir cualquier hecho, pensamiento, opinión, estadística,

actitud o curso de acción, incluida la información. Se encuentra en la mente del comunicador.

(3) Codificación: El proceso de convertir un contenido en símbolos, canciones, palabras, movimientos, imágenes, etc. se conoce como codificación. Para transmitir sus ideas o hechos, el remitente usa lenguaje, símbolos o imágenes que el receptor puede entender. Para una buena comprensión, es necesario usar un lenguaje formal o un conjunto de códigos. Al seleccionar palabras y símbolos, considere las necesidades del destinatario y el propósito de la comunicación.

(4) Canal de comunicación: comunicación El término "canal" se refiere a la forma en que se transmite un mensaje. El emisor debe elegir la forma en que transmitirá el mensaje al receptor. Se puede enviar un mensaje por teléfono, computadora, carta, memorándum, informe o en persona.

El destinatario del mensaje es el individuo o grupo a quien se dirige. La comunicación no se puede completar sin un destinatario. El receptor busca comprender, percibir y actuar sobre el mensaje.

(6) Decodificación: El proceso mediante el cual el receptor convierte los símbolos y las palabras del mensaje en ideas y luego los analiza para determinar su significado se conoce como decodificación. Si el receptor conoce el código y tiene buena percepción, interpretará el mensaje de la misma manera que el emisor. El destinatario debe poder concentrarse en el mensaje.

(7) Comentarios: el destinatario responde al remitente después de recibir los mensajes. Esto se conoce como retroalimentación. La retroalimentación es el elemento más crucial de la comunicación porque es la única manera de evaluar el éxito del mensaje. El remitente puede determinar si su mensaje ha sido interpretado correctamente.

Técnicas de comunicación

La noción de comunicación ha existido desde el principio de los tiempos y es atemporal. Por esta razón, hay muchas perspectivas diferentes sobre lo que es la comunicación. La naturaleza de la comunicación se puede estudiar fácilmente utilizando los siguientes datos:

(1) La comunicación es tanto un arte como una ciencia: contiene elementos artísticos y científicos. La comunicación es una ciencia porque proporciona reglas que ayudan a la gerencia a resolver problemas. Como resultado, también es una empresa artística porque crea nuevas circunstancias, nuevos diseños y nuevos sistemas necesarios para el progreso continuo. Por lo tanto, podemos decir que la comunicación es tanto un arte como una ciencia.

(2) La comunicación es un proceso social: Todos en la sociedad pueden satisfacer sus necesidades y deseos básicos a través del intercambio de mensajes escritos, orales o no verbales. A través de la comunicación, dos o más personas pueden interactuar e influirse mutuamente, lo que les ayuda an entenderse mejor.

La comunicación es un proceso humano porque involucra a tres o más personas. Este proceso organizacional y humano es cómo se almacena y transmite la información a las generaciones futuras. Representa el progreso tanto personal como social.

(4) La comunicación es un proceso universal: los principios y técnicas de comunicación pueden aplicarse en cualquier lugar, incluso fuera del ámbito de los negocios. Estos también son utilizados por organizaciones benéficas, de servicio social y religioso, sin fines de lucro y sin fines de lucro. Desde los grupos más pequeños hasta las organizaciones más grandes y el público en general, los fundamentos de la comunicación se aplican en todos los aspectos de la interacción humana.

(5) La comunicación es un proceso amplio: no solo se trata de transmitir información; también implica recibir comentarios de los demás y cambiar de actitud en respuesta. Los empleados pueden expresar sus opiniones y quejas con la dirección, y la dirección puede

discutir sus expectativas con ellos. Una organización se integra a través de una cadena de comunicación de arriba hacia abajo, de abajo hacia arriba y de lado a lado.

Estrategia

estrategia de desarrollo

Se ha explicado que la audiencia tiene la capacidad de proteger su carácter psicológico y social de influencias externas an ellos y a sus grupos. Además, la audiencia recibe muchos mensajes en un solo momento, no solo uno. Es decir, hay influencia de otros mensajes de otras fuentes (comunicadores) simultáneamente y posteriormente. Con, Se espera que el mensaje tenga un impacto o alteración. porque el público no es la única "fuerza", sino una de todas las fuerzas que influyen en el trabajo en el proceso de comunicación para alcanzar la eficiencia.

Por lo tanto, el efecto es simplemente la suma de diversas fuerzas que actúan durante todo el proceso de comunicación. Por lo tanto, para generar eficiencia, el mensaje como el único poder del comunicador debe poder superar todas las fuerzas. El método de presentación, los medios y la personalidad del comunicador pueden respaldar el mensaje. En este caso, entonces se debe planificar y desarrollar una estrategia durante el proceso de comunicación, especialmente en términos de innovación en la comunicación, relaciones públicas, comunicación internacional y otros temas. Cuanto más explícito sea necesario.

La decisión general condicional sobre las medidas a tomar para alcanzar los objetivos se conoce como estrategia. Por lo tanto, al crear una estrategia de comunicación, además de asegurarse de que el destino sea claro, debe tener en cuenta la situación y el estado de la audiencia. El primer paso es la identificación de la audiencia o objetivo. porque la residencia y el comunicador se eligen según las condiciones y circunstancias. Excepto que eso fuerza antídoto propiedad de la audiencia puede ser "domesticada", también para derrotar el poder de influir en otros mensajes de la fuente (comunicador).

El primer paso para un comunicador en un esfuerzo de comunicación eficaz debe ser conocer a la audiencia. Como Se ha explicado que la audiencia no es pasiva sino activa durante el proceso de comunicación, por lo que existe una relación mutua de influencia entre el comunicador y la audiencia. El pasado del comunicador puede afectar a la audiencia, pero el comunicador también puede afectar a la audiencia.

Tanto el comunicador como la audiencia comparten los mismos intereses durante el proceso de comunicación. La comunicación no es posible sin un interés común. El comunicador debe tener un interés equitativo con la audiencia en el mensaje, el método y los medios de comunicación para que una comunicación tenga éxito.

Para crear igualdad de interés, el comunicador debe comprender el esqueleto de experiencia y marco de referencia. referencia audiencia pasado apropiada y suave, como:

a. Personalidad y estado físico de la audiencia, que incluye: - Conocimiento de la audiencia del árbol problema,

La capacidad de la audiencia para recibir mensajes a través de medios como Utilizado,

- Conocimiento de la audiencia del tesoro de palabras como Utilizado,

b. La influencia, los valores y las normas de los grupos estándar y públicos

c. La situación en la que la audiencia esa Sentí

Ellos solo podrían saber a través de orientación, medida o estudio con casos. Todo esto es un negocio por etapas. identificación del público.

El público se puede identificar a través de una variedad de factores durante la observación o la investigación. En lo que respecta a la conciencia pública, las audiencias que carecen de conocimiento pueden encontrarse en desacuerdo con los mensajes transmitidos, ya sea porque tienen solo un poco de conocimiento o porque son expertos en el tema. Actualmente, se ha encontrado que la audiencia puede aceptar, vacilar o rehusar el contenido del mensaje como se entrega.

A través de estudios, se puede identificar al público o audiencia desde el punto de vista de la preparación de la audiencia para aceptar influencia, especialmente en lo que respecta a la innovación:

1. Los innovadores o inventores de ocurrencias son personas yang, lo que significa que traen ideas nuevas y, por lo tanto, son fáciles o difíciles de aceptar ideas de otras personas.

2. Los primeros adoptantes o aquellos que están dispuestos a probar lo que se le ha recomendado

La mayoría de las personas aceptan fácilmente nuevas ideas siempre que sean bien recibidas por un gran número de personas.

La mayoría de los grupos o la mayoría aceptan o rechazan nuevas ocurrencias limitadas en un área específica.

5. personas que no son adoptantes ni yang No Amar está dispuesto an aceptar nuevas situaciones y cambió de opinión una vez más.

Por supuesto, los factores mencionados anteriormente están estrechamente relacionados con otros factores, como la edad, el género, la ocupación, la educación, el estado social, la conexión social y otros. En el estudio de algo, la variable fundamental es obvia.

Acerca de la influencia del grupo y los valores del grupo, es obvio que los comunicadores deben conocer y estudiar el pasado para crear comunicación efectiva porque los hombres viven en y fuera del grupo.

En identificación pública, podría observar, No hay vida más moderna. Cuanto más grupos de referencia hay, más amplio es el rango de referencia. Por el contrario, ninguna, menos tradicional, menos grupo de referencia, más delgada y más amplia. En otras palabras, cuanto más moderna es una persona, menos relaciones tiene con el grupo. No hay otro más tradicional. más fuerte y establecer una conexión con el grupo. Como era bien conocido, siempre buscó una armonía entre sus intereses personales y los del grupo. Siempre hace todo lo posible para mantener la presencia en el grupo y obtener el respeto y la evaluación social. Por eso cada uno mensaje y estímulo como tócalo siempre medida a través de vasos del grupo, así que eso role grupo para individual muy grande.

El patrón de interacción de un grupo muy definido de valores o normas, que pueden ser tradicionales, transitorios o modernos. Es crucial comprender esto ya que en el modelo tradicional, la comunicación se enfoca más en la formación en grupo que en el logro, ya que en el grupo se refugia. Por otro lado, en el patrón de comunicación moderno, es una herramienta para lograr el éxito, completar la profesión y otros objetivos.

En conclusión, la presentación de la audiencia es fundamental, y debe realizarse a través de observación, evaluación o estudio en la página. La presentación de la audiencia también puede obtenerse a través de suposiciones. Residir en experiencia y conocimiento teórico sobre el ser humano, ya sea como criatura de drogas biológicas o como criatura social. Es muy importante esa introducción sobre el hombre.

El elemento masculino en el proceso de comunicación es crucial y es la base del proceso de comunicación y publicidad. Las personas son tanto actores como destinatarios de las actividades de comunicación. o ese publicista.

Básicamente, la comunicación hecha por los humanos es satisfacer sus necesidades individuales y sociales. La satisfacción de las necesidades es solo el negocio de los hombres para mantener y desarrollar su vida en ese momento. Por decirlo de otra manera, satisfacer las necesidades de la vida es el reflejo de la lucha humana por la vida. Esto es lo que impulsa todas las actividades y dinámicas humanas en nuestra vida, incluida la respuesta a mensajes de estímulo-estímulo como tócalos.

La vida es difícil para un hombre, pero la naturaleza universal lo acompaña siempre porque es la naturaleza masculina. El tema no se limita al ser humano, sino también a la vida de las criaturas y los animales. elementos De hecho, posee la igualdad fundamental entre los humanos y los animales.

Debido a que la lucha por la vida es inherente al yo humano y al animal, así como sobre uno mismo como otra criatura, hay armas o aliento desde dentro para realizar la lucha, como la naturaleza. insta al conocido con el término "reflejo prepotente", el instinto o el instinto.

El profesor El Coro afirma que el instinto proviene de algunas personas, ya sea por su profesión o por seguir métodos específicos.

Mientras tanto, el Dr. Paraná Surjapuri dice que ese instinto es un kulak relación con la criatura en vivo que está junto al nacer y es extremadamente importante cuidarse a sí mismo y hacer su trabajo lo más rápido posible. El alma humana generalmente necesita este instinto desde su nacimiento. No son capaces El deseo natural, que es la fuerza impulsora de la personalidad humana, está elevado y impedido de acuerdo con la voluntad.

La palabra "instinto" no es muy común entre los psicólogos, aunque HG Witherington lo explicó recientemente. En todos los casos, cuando sentimos algo, hay una tendencia o inclinación an actuar de cierta manera. Individuación y universalidad ¿Qué tendencias o impulsos explican para nosotros? Esta fuerza impulsora es la base biológica del esfuerzo de comunicación y no podría ser superada.

Por lo tanto, estos impulsos son en realidad fuerzas, una cierta fuerza que es muy interior y determina la continuidad de la vida humana, o inmediatamente después de la continuación En Vivo. En relación con esta falta de recursos, existen tres tipos fundamentales de impulsos: el estímulo para buscar alimentos y bebidas (nutrición), el estímulo para protegerse a sí mismo (reproducción) y el estímulo para mantener la fuente (reproducción).

El término "hambre, protección y sexo" fue utilizado por HG Witherington para referirse a la tercera influenza porque era muy universal y se refería a la naturaleza sobre los humanos y los animales.

Hambriento es un término que se refiere al deseo general de un individuo de obtener algo o agregar algo como No hay propiedad, no hay hambre. No solo comprender que el estómago está vacío, sino que también puede sentir un deseo de verdad, perspicacia, conexión, conocimiento, inteligencia y otros recursos.

www.ingramcontent.com/pod-product-compliance
Lightning Source LLC
Chambersburg PA
CBHW050250120526
44590CB00016B/2298